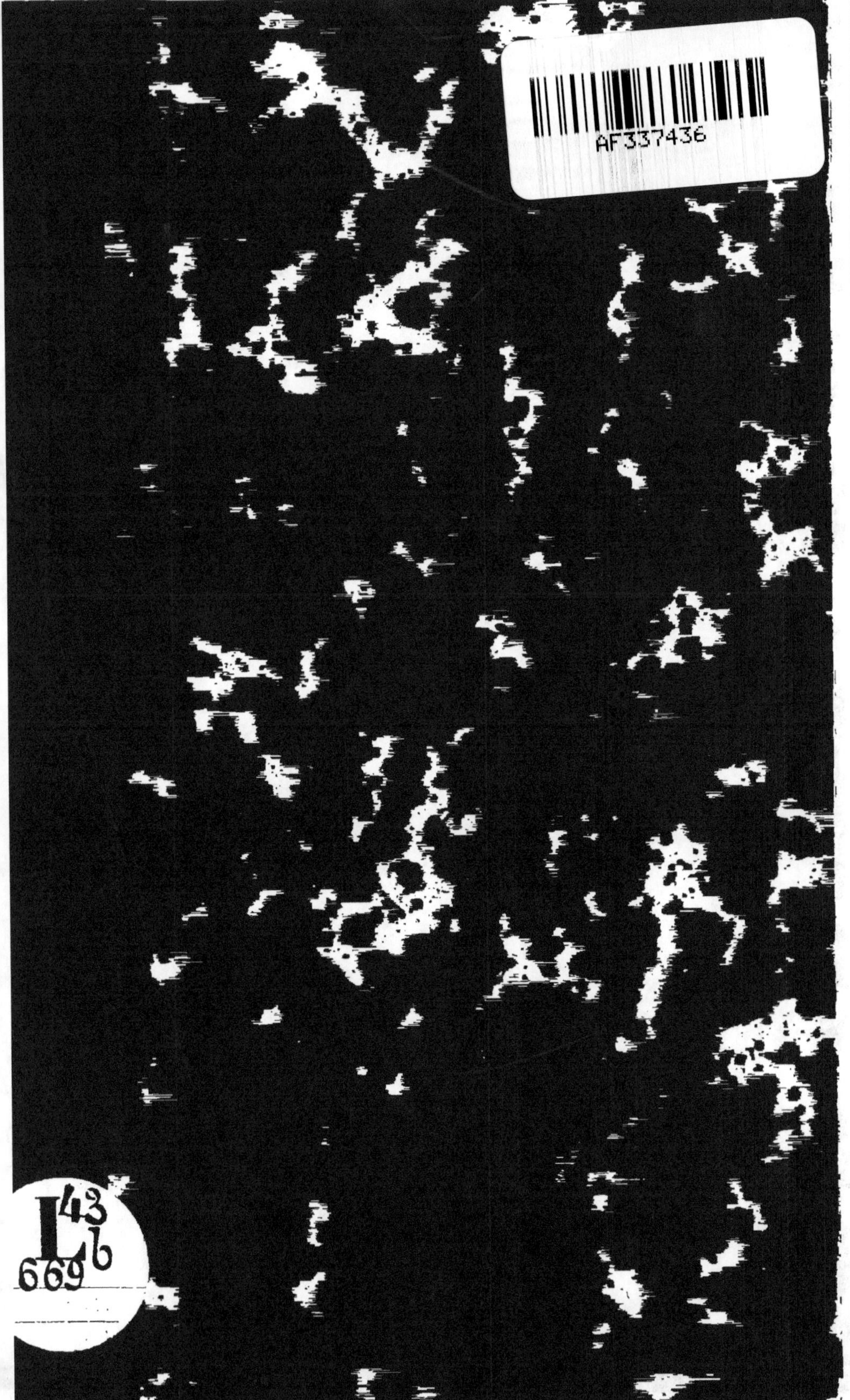

EXTRAITS

DE LA

CORRESPONDANCE

D'UN

A PARIS,

Pendant le mois de Vendémiaire

an 10.

AVERTISSEMENT.

On donne le titre, et par suite le brevet de Gobemouche, particulièrement à ceux qui courent la carrière où on les gobe, en écoutant complaisamment les diplomates des cafés, lorsqu'ils débitent dans les salons, les boutiques de libraires, sociétés, et cabinets littéraires leurs nouvelles, qu'ils tiennent de bonne part.

On donne aussi de pareils brevets à ceux qui certifient la vérité d'une nouvelle, parce qu'ils l'ont lue dans les feuilles qu'on nomme journaux, et qu'on nommerait, si le mot n'était pas aussi long, gobemoucheries.

EXTRAITS

DE LA

CORRESPONDANCE

D'UN

GOBEMOUCHE.

PREMIER

VENDÉMIAIRE

an 10.

C'est un Gobemouche qui parle.

On n'a rien épargné pour que la fête d'aujourd'hui fût ce qu'elle devait être.

On a construit dans la cour du Louvre, dite du Télégraphe, cent portiques ingénieusement décorés ; et on y a déposé les résultats du génie de nos mécaniciens et du goût de nos manufacturiers. — Ces précieux morceaux sont exposés, depuis le premier jour complémentaire ; aux yeux du public ; il les a vus avec la plus vive satisfaction , mais s'est étonné qu'on eût permis aux marchands de pipes, — de tiges de bottes , — de crayons, — de cire à cacheter , — de faux-toupets, — de colle - forte, — de corne à - lanterne , etc. , d'étaler ces marchandises à côté des tapisseries des Gobelins.

Le Moniteur fera , sans doute , un détail pompeux des agréables et nombreuses jouissances dont s'est enivrée la foule que cette fête a attiré aux Champs-Elysées. — Ces détails sont de sa compétence ; mais un tableau plus simple suffira pour en donner une idée.

Salves générales d'artillerie , dont le bruit éclatant a peut-être aidé le vent à dissiper l'orage qui grondoit, et à chasser la pluie qui tomboit abondamment le matin. — Spectacles sur tous les théâtres, *gratis.* — Joûtes et jeux sur l'eau. — Grand concert dans le temple de la Paix, *à faire.* — Cérémonies religieuses , *à la Titus.* — Chants et danses allégoriques , *inconcevables.* — Processions de prêtres et prêtresses , *faisant suite aux mitsères d'Isis.* — Concert par des aveugles, *à l'usage des sourds.* — Musique villageoise. — Contre-danses. — Walses. — Danses montagnardes. — Lampions et lanternes de toutes les couleurs. — Flammes éblouissantes du Bengale. — Foires champêtres. — Bastringues. — Mâts de Cocagne. — Jeux de bagues. — Comédies. — Parades. — Pantomimes. — Manœuvres militaires. — Combats. — Marionnettes. — Joueurs de gobelets. — Diseurs de bonne aventure. — Danseurs de corde, sauteurs. — Evolutions maritimes par des gondoles illuminées et remplies de musiciens. — Fusées volantes. — Le vésuve en courroux. — Bombardes à triple éclat. — Grande girande, couronnée de feux lançant le tonnerre. — Balons détonnans, chargés d'artifices; enfin, bal par-tout et toute la nuit. — Ainsi s'est terminée cette fête vraiment populaire.

Les poëtes du Pont-Neuf ont secondé le zèle des ordonnateurs de la fête, en faisant imprimer et chanter les productions de leur verve. — La rime se ressent un peu de la précipitation; mais à cela près, on y trouve des morceaux qui ont un mérite relatif, entre autres ce couplet :

Sachons que le sang de nos frères
　Fut versé pour nos repos,
Et que vainqueurs de Maringo,
　Ils pourront bien l'être sur mer.

On a placardé ce matin trois affiches à la porte du Louvre, vis-à-vis la rue du Coq. — L'une annonce un cours d'accouchement. — Celle du milieu, *une maison d'éducation pour les jeunes demoiselles.* — L'autre, un rob qui guérit radicalement les maladies anti-sociales.

Toutes les municipalités de Paris ne savent pas encore qu'on a rendu le titre de *saint* aux bienheureux du Paradis; car l'une d'elles écrivit l'autre jour à un prêtre, une lettre dont la suscription est ainsi conçue :

Au citoyen
PARANT, curé de NICOLAS,
à Paris.

---

2 *Vend^re*.

Le chapitre des accidens, insépa-rable des grands rassemblemens, a un peu troublé la fête d'hier.

Un citoyen blessé à mort, en tombant du haut d'un mât de Cocagne.

Deux femmes et un homme presqu'étouffés aux portes des spectacles.

Un jeune garçon s'est empalé en passant sur les grilles de fer qui entourent les portes de la salle de l'Opéra.

Plusieurs personnes estropiées en tombant avec une échelle, inventée par le mécanicien la CAZE, pour sauver ceux qui se trouvent dans les maisons incendiées.

Le fils de M. DUCRÉY, chancelier du citoyen EGALITÉ, tué roide par

(9)

une bombarde, qui a aussi cassé un
bras au général VALENCE, et meurtri
l'épaule du citoyen de PONS, jadis in-
tendant.

On a arrêté dans le faubourg Saint-
Victor, un marquis jadis fort riche,
soupçonné d'émigration, qui depuis
deux ans gagnait sa vie à faire des chapeaux de paille ; il était parvenu à les
faire si jolis et si parfaits, qu'on ne
doute pas que les dames ne s'em-
pressent d'employer leurs puissans
moyens, pour lui faire rendre la li-
berté, de retourner à son atelier.

Le prix du pain qui avait augmenté
le 27 du mois passé, d'un demi-sol par
livre, en augmentant aujourd'hui dans
la même proportion, a aussi augmenté
l'étonnement des bons habitans de Paris, qui seuls se croyaient dispensés de

le payer ce qu'il vaut. — Il coûte au-jourd'hui quatre sols ; il s'est formé quelques petites queues aux portes des boulangers. — A propos de queues, le bout de celle qui nous restait, ennuyée de frétiller inutilement à Paris , s'est glissée à Constantinople : le Journal du Soir nous instruit que depuis son ar-rivée , le grand-seigneur , le divan et même le sérail commencent à prendre l'aplomp nécessaire pour bien danser la carmagnole. — L'émigration de la-dite queue est annoncée par la disgrâce du caïmacan et du reïs-effendi , et la formation d'un parti qu'on nomme jacobins-musulmans

Les bouquinistes ont augmenté con-sidérablement le prix des livres de dévotion. — Ils vendent aujourd'hui l'Imitation de Jésus-Christ , 36 sols, de 5 , prix courant , deux mois au-paravant.

(11)

Il s'est formé quelques groupes ce matin. —: Le prix du pain y était à l'ordre du jour, et contre l'ordinaire, on a été assez raisonnable sur ce chapitre ; on est convenu, à l'unanimité, que toutes les denrées étant augmentées, il n'était pas juste que la farine seule restât, dans Paris, à l'ancien prix.

L'envoyé du pape, monseigneur Spina, a remis à tous les archevêques et évêques, un bref, par lequel le saint-père demande leur démission, pour qu'il ait la facilité de perfectionner la nouvelle organisation du clergé de France. — Ceux qui ont eu le bon esprit de calculer qu'il convenait mieux de sauver des lambeaux de la religion, que de la perdre tout-à-fait, l'ont envoyé. — On dit que quelques incurables s'y sont refusés, sous le prétexte *qu'on ne doit pas marchander avec Jésus-Christ.*

Il ne reste d'une fortune très-considérable, au prince CAMILLE DE ROHAN, qu'un petit cheval et un petit cabriolet. — Quelqu'un disait au duc de MONTMORENCI, que c'était là tout ce qui restait aux ROHANS. — Corbleu répondit le duc, ils sont bien plus heureux que nous ; car nous allons à pied, et à peine pouvons-nous nous permettre la vinaigrette les jours d'averse.

***

3 *Vend^{re}.*

On s'accorde à dire que l'endroit où l'on construit le petit pont neuf, est très-mal choisi : on le trouve placé beaucoup trop près du vieux pont-neuf, et on juge que la commodité du public, l'agrément du coup-d'œil, et même l'intérêt des actionnaires demandait qu'il fût placé vis-à-vis la rue des Petits-Augustins. — D'un autre côté, les actionnaires ont calculé que s'ils l'avaient placé vis-à-vis cette rue, , la foule des piétons qui arrivent sur le quai de l'Ecole, par la place de la Colonnade du Louvre, auraient été comme l'âne de BURIDAN, fort embarrassé du choix, et qu'ils auraient fini par donner la préférence au pont sur lequel on passe gratis

La fille de M. B....., fut l'autre jour chez un membre du gouvernement, pour le remercier de ce qu'on avait accordé une surveillance à son père; elle ajouta qu'elle n'osait pas encore demander sa radiation; mais qu'elle le priait de faire en sorte qu'il pût finir tranquillement le reste de ses jours dans le sein de sa fa-

mille. — Quand votre père a demandé
de rentrer dans sa patrie, lui répondit-il, il a promis de se conformer aux
lois ; en tenant sa parole, il doit jouir
des mêmes avantages que tous les
Français.

Le fils dn célèbre marin, M. de
BOUGAINVILLE, qui a fait le tour du
monde, s'est noyé en se divertissant
dans un bateau, sur une pièce d'eau :
il étoit âgé de 17 ans ; son fils aîné est
parti avec le capitaine BAUDIN, pour
essayer de faire un supplément aux
découvertes de son père, qui fatigué
de ses courses, s'est mis sous la re-
mise.

---

4 Vend^re.

On dit que les officiers municipaux

d'une ville frontière n'ont pas voulu permettre au nonce de continuer sa route, sous le prétexte que ses passeports n'étaient pas en règle. En vain a-t-il prouvé qu'il se rendait à Paris, par ordre du pape, et sur l'invitation du gouvernement français, ils ont persisté. — Quelle bonne occasion c'eût été pour le badin GORSAS, de composer un pendant au fameux récit qu'il fit de l'arrestation des tantes du roi, à Arnai-le-Duc ! — Mais aussi quelle heureuse occasion pour un amateur, d'ajouter des couplets à la chanson qui nous fit rire de si bon cœur. — *Rendez-nous les chemises à Gorsas.*

La publication de la gazette de France et du Journal des Débats a été suspendue ce matin. — Les chanteurs du pont-neuf ont renouvelé, au sujet de la rentrée du clergé, uu an-

cien cantique, dont voici un frag-
ment :

> Quand nous sommes dedans la France,
> Hélas ! mon Dieu !
> Nous n'y trouvâmes point d'églises
> Pour prier Dieu.
> Les indévots les ont rompus
> En grande malice,
> Pour faire pièce à Jésus-Christ, à la vierge Marie.

On dit que quelques membres du tribunat ayant pu penser, d'après quelques expressions du Moniteur, que la religion catholique reprendrait incessamment son activité, ont été chez un consul, pour lui demander des explications à ce sujet, et qu'il les a tous satisfait, en leur disant : — Que la grande majorité des Français prenait beaucoup plus d'intérêt à la restauration du culte catholique, qu'à l'institution de certains corps.

Il circule une lettre manuscrite du général PICHEGRU, par laquelle il cherche à prouver que le seul motif de la longue persécution qu'il éprouve, vient de ce qu'il témoigna trop vertement sa façon de penser au gouvernement qui l'a proscrit. — La loyauté de celui d'aujourd'hui ne permet pas de croire que ce soit ce motif. — On juge qu'il doit en accuser sa correspondance, que le directoire fit imprimer. — On croit aussi que le général BONAPARTE finira par passer l'éponge sur le tout.

A côté d'une liste de notables, placardée dans tous les carrefours, *sur une longueur de 15 ci-devant toises*, et que personne n'a le tems de lire, on voit une affiche qui attire tous les passans. — Elle annonce une nouvelle brochure, qui a pour titre : HISTOIRE

D'UN CHIEN, ÉCRITE PAR LUI-MÊME.
Avec cette épigraphe : « Tant de bêtes
s'affichent, et écrivent leur vie ; pourquoi n'écrirai-je pas la mienne ? »

---

5 *Vend^{re}*.

Les politiques de café disaient ce
matin que le roi d'Angleterre consen-
toit à faire la paix, et même à rendre
tout ce que les Anglais ont pris depuis
le commencement de la guerre, sous
la condition que la république française aurait la même générosité. — A
l'exception, cependant, que le cap
de Bonne-Espérance serait neutre, et
ouvert à toutes les nations. — Quoique
cette proposition soit usée, et paraisse
devoir prolonger la guerre, les bruits

(19)

de paix sont aujourd'hui à l'ordre du jour dans tout Paris, même au château des Tuileries. — Comme on est persuadé que Bonaparte la veut, on est sûr qu'il nous la donnera.

C'est le général KELERMAN, qui a prouvé qu'on devait accorder une surveillance à Monsieur B..... On lui dit en plaisantant qu'il finirait par en demander une pour le prince de CONDÉ. — Pourquoi pas ? répondit-il. — *Si un homme d'honneur comme lui, me donnait sa parole, je m'y fierais comme à celle de Monsieur B......*

Dans la permission qu'on a donnée au citoyen OUSEAU, prêtre attaché à l'église Saint-Nicolas-des-Champs, il est dit qu'on lui permet d'exercer les fonctions du culte catholique *dans le temple de l'hymen* !

---

6 *Vend^{re}.*

Le payeur de la sixième division militaire, nommé Dévoisines, résident à Besançon, va être traduit devant les tribunaux, par ordre du gouvernement. — Un vérificateur de comptes a calculé que si on avoit pris la même précaution pour tous les voleurs du trésor public, depuis le 14 juillet 1789 jusqu'au 18 brumaire, le gouvernement aurait aujourd'hui une somme suffisante pour payer une douzaine de descentes en Angleterre.

Un ci-devant ALEXANDRE de cour se détacha, il y a quelques quintidis, du groupe des officiers supérieurs qui se rendent chez le général Bonaparte, les jours qu'il passe sa revue de la garde consulaire, et s'approcha de ce général, pour causer avec lui. — *Il en reçut une réponse fort sèche.* — A la revue d'après, il fit la même manœuvre. — *Même réponse.* — A la troisième — *On lui tourna le dos.* Cet ALEXANDRE travesti est comme les athées, qui ne se corrigent qu'à l'agonie.

On annonce un nouveau vaudeville, que de PIIS et BARRÉ vont faire représenter sous ce titre : — *Une Séance des Gobemouches.* — On ajoute que si tous ceux de Paris veulent assister à la première représentation, il faudra élever un théâtre dans la plaine de Grenelle.

CAFÉ *des Mille-Colonnes.*—On y parlait ce matin d'un secret nouvellement découvert en Allemagne, qui donne le moyen de faire du pain avec des glands ; — D'un soldat de la garnison de Paris, qui mange 4o livres de viande dans un repas ; — D'un ci-devant fournisseur de la république, qui ne mange que de l'air, sans qu'il soit obligé de manger autre chose. — D'un cordonnier, qui fait des bottes sans couture. — On y assurait que la réforme des têtes à la *Tarquin,* fait perdre, depuis quelques jours, 8o pour 1oo aux marchands d'huile antique, et gagner en proportion ceux de poudre à poudrer.

---

7 Vend^{re}.

Le ministre des finances vient de remettre la clef du coffre-fort national au conseiller d'état Barbé-Marbois.

Deux troubadours de 93, qui chantaient, à tue tête, les hauts faits de certains personnages de ce tems, chantent aujourd'hui la palinodie. — Tous les soirs, après qu'ils ont placé leur chandelle et préludé sur leurs violons, pour rassembler les passans, ils entonnent d'un ton piteux, la complainte d'un émigré, qui, rentré dans sa patrie, trouve tout son bien devenu la propriété de son ci-devant postillon. — Les observateurs rient de la peine inutile que les incorrigibles se donnent encore, pour essayer de donner des inquiétudes au gouvernement , qui sait que l'intérêt des émigrés n'est pas de lé troubler, et qui sait aussi que si la police faisait pincer les pouces de ces troubadours , elle ne pourrait plus douter que leur poëte est un ci-devant Scévola.

On voit , depuis quelques jours, des fiacres à neuf fenêtres , conduits par des cochers vêtus de redingotes à neuf collets. — Les chapeliers attendent avec impatience la mode, *qu'on annonce*, qui obligera de porter neuf chapeaux les uns sur les autres.

CAFÉ *Valois*. — Enfin les vieux politiques de ce café sont fixés sur la bataille de Maringo : ils y croient depuis trois jours, et seulement depuis

hier , au traité de paix signé à Luné
ville.

---

8 Vend^{re}.

Des exempts de police sont entrés
ce matin , dans une maison , rue de
Lille , pour y arrêter M. de SAINT-
GEORGE. — Après les complimens
d'usage , et son paquet fait pour se
rendre au Temple , lieu de sa destina-
tion , il leur a demandé la permission
d'aller faire ses adieux à son hôtesse ,
qui lui a conseillé de s'échapper par
un escalier dérobé. — Il a profité du
conseil avec tant d'empressement ,
qu'il avait parcouru un kilomètre ,
lorsque les exempts se sont apperçus
de cette fugue.

Un jugement placardé au coin des

rues ; annonce que CLAUDE FERRY, ci-devant cocher de place, maintenant marchand en gros de matières d'or et d'argent, est condamné à 400 francs d'amende et à un an de prison ; son délit est d'avoir fait ce commerce, sans s'être conformé à la loi qui lui ordonnoit de tenir registre de ce qu'il achetait et vendait journellement : on le soupçonnait aussi d'avoir rogné la monnaie d'or et d'argent, qui lui passait par les mains. — Le métier était bon ; car au nombre des réformes que cet accident l'a obligé de faire dans sa maison, se trouvent celles de son valet-de-chambre, son cuisinier, sa femme de confiance et son cocher.

On placarde tous les jours une affiche, qui annonce une nouvelle brochure, intitulée :

DE LA NÉCESSITÉ D'UN CULTE PUBLIC.

Des personnes qui ne sont pas de cet avis , ont un soin si exact à les arracher pendant la nuit, qu'on n'en voit pas un lambeau le lendemain. — Ceux qui ne savent pas combien les théophilantropes sont amis de l'ordre , les accusent de prendre cette peine ; mais ceux qui les connaissent , leur rendent la justice qui leur est due.

Un habitant de Chaillot fut mordu l'autre jour par son chien ; peu après il tomba dans un profond assoupissement, auquel succédèrent des symptômes de rage si effrayans, qu'on fut obligé de l'étouffer. — Un de nos docteurs modernes, après avoir fait une longue dissertation sur cette maladie , qu'il a comparée à la goutte, s'est résumé, en disant qu'on pouvait guérir ces deux maladies par la vaccine , et que si ce malheureux avoit été vacciné par lui,

il ne serait pas mort. — Il compose
une brochure, par laquelle il prouvera cette vérité, et il profitera de
cette occasion, pour retirer la vaccine, et peut-être le magnétisme et
l'antimoine, de l'oubli où l'ignorance
les a plongés.

***

9 *Vend^{re}.*

M. de B E N A C, ancien officier,
et pauvre rentier, renouvela hier,
l'histoire de l'abbé de VÉRAC. —Il s'é-
tait arrêté contre une borne de la
rue de Provence, pour satisfaire un
besoin liquide, lorsque des jeunes
gens, qui déjeûnaient vis-à-vis, trou-
vèrent fort plaisant de lui envoyer un
jokay, pour lui demander si c'était les
balles de Maringo qui avaient criblé

son chapeau et son habit. — Le jokai s'acquitta parfaitement de la commission ; mais il en fut mal récompensé : car le vieux militaire lui donna une forte volée, en lui disant que ce n'était pas à Maringo, mais à la bataille des *Cannes*. — Le maître courut au secours de son jokai, et demanda à M. de Bénac, ce qu'il faisait là. — *Je corrige un insolent.* — Mais c'est mon domestique, et vous ne savez pas à qui vous avez à faire. — *Pardonnez-moi, je vous connais.* — Eh ! qui suis-je ? — *Un sot.*

On se disoit ce matin à l'oreille, et tout haut à midi, que le ministre de la police générale avoit donné sa démission. — La consigne qu'il a donné, en partant pour la campagne, aux sentinelles placées à la porte de son hôtel, de n'y laisser entrer personne, a sans doute donné lieu à ce bruit, dont on ne parlait plus à six heures du soir.

CAFÉ *Corrazza*. — On y parlait après dîner du ministre des finances, qui a donné sa démission, et qu'on a refusée. — De celui de la marine, qui suivra cet exemple, mais dont on acceptera la proposition. — De la paix, dont les bruits se soutiennent fort et ferme ; les incrédules trouvent même à parier. — Un particulier, après avoir donné sa parole d'honneur qu'on pouvait y croire, l'a soutenu par l'offre d'un pari de 25 louis, qui a été tenu. — L'homme au grand nez promet toujours une trêve de 15 mois.

La caricature du jour, représente plusieurs personnes dans une église, dont la principale occupation est de

(31)

prier Dieu. — Comme caricature, on
ne sait ce que cela veut dire : on n'y
trouve ni poivre, ni sel.

---

10 *Vend*^{re}.

Oui, c'est abominable. — Voilà qui
annonce la fin du monde. — Une
chienne n'aurait pas fait cela. . . . .
C'est ce que disaient, ce matin, des
dames de la halle de l'apport de Paris.
— Il s'agissait d'un enfant mort, déposé à la morgue, que sa mère avait
abandonné dans un fossé des Champs-
Elysées , où elle avait accouché la
veille.

Les journalistes , à l'envi les uns
des autres , ont pris la peine de nous

rendre compte d'un combat épouvantable, entre deux armées d'hirondelles. Ils ont bien voulu nous instruire aussi qu'elles avaient fait la paix le même jour. — Nos diplomates de café, après avoir épuisé toute leur science sur la tactique aërienne, ont fini par ne voir dans la fin de ce combat qu'une suspension de coups de becs. — Mais le rapport d'un voyageur, qui a vu, à l'aide d'un télescope, les chefs de ces *Gobemouches*, s'embrasser cordialement, nous permet d'espérer, que nos journalistes nous feront grâce de pareilles balivernes, au moins jusqu'au printems prochain.

ON DONNE DE L'ARGENT.

Rue Montpensier, n⁰. 394.

Tel est le titre d'une affiche placardée dans toutes les rues. — Personne

sonne n'est dupe de cette promesse, parce que l'arabe qui l'a faite, a eu la précaution de prévenir qu'on n'en donnera qu'

Aux personnes qui se présenteront avec des effets pour servir de nantissement.

D𝐄𝐍𝐈𝐒 le tyran disoit — L'usure est belle et bonne, mais pendez les usuriers.

CAFÉS. — Les conversations roulent toujours sur la paix, on y revient toujours. — On assure même la prochaine arrivée à Paris du lord P𝐈𝐓𝐓 avec le fils du général C𝐎𝐁𝐎𝐔𝐑𝐆. — On parle aussi d'un portier de maison, rue de l'Echiquier, qui s'est brûlé la cervelle. — D'un musicien qui s'est pendu. — Sur l'eau d'Arcueil, qu'on a trouvé pétrifiée dans les tuyaux qui la conduisaient dans les bassins du jar-

din du Luxembourg. — Sur un projet
de loi , qu'on dit proposé par BARBÉ-
MARBOIS, contre les banqueroutiers,
qu'on condamnera aux fers , lorsque
les tribunaux auront reconnus que
leur banqueroute est frauduleuse. —
Sur le beau tems dont jouiront ceux
qui ont été aujourd'hui à Versailles,
pour y voir jouer les eaux.

11 *Vend^{re}*.

Les colporteurs des papiers-nou-
velles ont annoncé ce matin le jugement à mort de deux assassins , nom-
més CLÉMENT et LAMBERT. — Cette
affaire a fait la plus grande sensation
parmi les jurisconsultes des halles , et
les a mis à même de faire des disser-
tations fort étendues. — Enfin ils se

sont séparés, après avoir décidé que le tribunal avoit très-bien jugé, quoique *cependant* aucun témoin n'ait **vu** commettre le crime qui fait l'objet du jugement, et que la loi défend de condamner, comme autrefois, sur des probabilités.

Le citoyen SÉGUR, nommé maréchal de France eu 1783, par l'influence du citoyen NEKER, et qui par délicatesse avoit accepté la charge de maréchal constitutionnel, est mort aujourd'hui, âgé de 78 ans : il est regretté particulièrement des patriotes de 89. — *Le moyen de créer des hommes d'un grand talent, est de louer ceux qui n'existent plus, quand il y a du bien à en dire.*

Le contre-amiral DECRES, après

avoir prêté le serment d'usage, a été nommé ministre de la marine. — On juge que le chapitre de la construction sera ce qui l'occupera le plus.

GROUPES. — Vers six heures, il s'en est formé quelques-uns dans le jardin des marchands, attenant le palais des tribuns : on y parlait d'un courrier arrivée de Londres en 60heures, de plusieurs courriers arrivés de Malmaison ; — De quelques aides-de-camp galoppant dans divers quartiers de Paris. — On y assurait la paix, ou au moins une trêve ; — Que l'Egypte serait rendue à la Porte ; — L'isle de Malte aux chevaliers de cet ordre, dont peut-être le prince de Condé serait grand-maître ; . . . . enfin le canon a fixé toutes les incertitudes. — On a annoncé sur tous les théâtres, les préliminaires de paix signés avec l'An-

gleterre. — Les officiers de police ,
accompagnés par des troupes à pied
et à cheval et par des corps de musique, ont fait la même annonce. — La
foule innombrable qui les suivaient,
criaient vive la paix ! — Vive BONA-
PARTE! qui nous l'a donnée; qu'il fasse
notre paix avec le ciel, et nous n'au-
rons plus rien à lui demander.

12 *Vend*^re.

GROUPES *du matin.* — On y par-
loit de *Te Deum*, de fêtes, de la
laborieuse patience nécessaire au général BONAPARTE, pour écouter les
complimens du conseil des prises,
du tribunat, etc. — De la prochaine
réforme de quelques corps militaires

et civils que la paix rend inutiles ; — Du roi d'Etrurie reconnu tel par l'empereur ; — Des faits mémorables qui se succèdent avec une rapidité qui rappelle les tems fabuleux. — Le vœu général est qu'on fixe la fête de la paix au 18 brumaire.

On a arrêté une douzaine de travailleurs en élimination. — Un de ces officieux personnages était parvenu à soutirer 550 louis d'or d'un ex-noble inscrit sur la liste des émigrés. — Ce malheureux lui avait remis depuis 15 mois, un paquet contenant des certificats de résidence, et le paquet n'était pas encore décacheté, lorsqu'on l'a arrêté.

L'opticien Moissy a placé un thermomètre selon REAUMUR, contre sa maison, située quai Pelletier ; la boule qui contient environ 4 pintes d'esprit de vin, est placée à 15 pieds du pavé, et le tuyau qui borde le 1er. — 2°. — 3°. — 4°. — Étage, se termine enfin au - dessous du toit. — On attend le résultat des découvertes météorologiques que ce thermomètre gigantesque fera sans doute faire à cet opticien. — On dit qu'il avait formé le projet de faire un baromètre sur les proportions de la colonne départementale ; mais qu'ayant réfléchi sur le tort qu'il ferait aux fabricans de rob, il y avait renoncé.

GROUPES *du soir.* — On y parlait des moyens difficiles mais possibles, de rendre la colonie de Saint-Domingue ce qu'elle doit être ; — De 3 ou 4 conscrits qui avaient, hier, des jambes de bois et leur bras en écharpe, qui, aujourd'hui, gesticu-

de leurs deux bras , et marchent avec leurs deux jambes ; — D'une pompe à feu, qu'on doit établir à Marly, pour remplacer la machine. — On se *complaisait* à parler de la découverte d'un apothicaire , qui a trouvé le moyen immanquable de rendre potable le vin impotable ; de la sensation que cette découverte fait par-tout et sur-tout dans les cabarets.

---

13 *Vend^{re}*.

Le cardinal CAPRARA , légat *a latere* , est entré aujourd'hui dans Paris , au grand contentement de ceux qui désirent que le gouvernement s'établisse sur des bases solides.

Les théophilantropes font leurs

exercices religieux dans les temples catholiques, particuliérement dans ceux de Notre-Dame, Saint-Sulpice, Saint - Germain - l'Auxerrois. — Personne ne doute qu'ils désirent avec ardeur le bien de leurs concitoyens; Mais comme ce qu'ils disent dans ces temples, est excessivement opposé à ce qu'on se propose d'y prêcher; que d'ailleurs on commence à s'appercevoir que leurs prédicateurs ne sont inspirés le plus souvent que par une imagination baroque ou détraquée, on croit qu'ils seront obligés de les évacuer: on dit même que le Grand-Théo de cette nouvelle secte est parvenu à lui procurer un local fort commode, dans le ci-devant couvent de Belle-Chasse.

Il paroît depuis quelques jours une brochure sur les finances, fort recher-

chée et par les anciens financiers et par
les nouveaux qui savent lire. — On l'a
attribuée à M. Mounier ; elle est de
l'ex-chevalier G..... — Cet ouvrage a
un mérite que n'ont pas ceux qu'on a
composé sur cette matière ; car ceux
même qui n'entendent rien en finances,
la lisent avec intérêt, parce qu'il joint
à l'élégance du style une manière si
claire d'expliquer ses projets, qu'il les
met à même de les comprendre.

Un ci-devant marquis, lequel avait
jadis la réputation d'être un des plus
grands roués, mais aussi un des plus
aimables, fut insulté l'autre jour par
un fournisseur, en jouant à la bouil-
lote ; il posa ses cartes, se leva, et lui
appliqua un soufflet. — L'opération
faite, il reprit son jeu et accepta le
rendez-vous d'usage que le souffleté lui
proposa ; mais le fournisseur a oublié

avoir reçu l'un et avoir donné l'autre.
—Le marquis, en faisant part de cette catastrophe à un de ses amis, termine ainsi sa lettre : — *Ce malheureux s'est rendu indigne de la faveur que je lui ai faite.*

CAFÉ *du Rendez-vous.* — Le petit boiteux a mis sur le tapis la constitution que Toussaint-Louverture vient de donner au peuple noir de St.-Domingue. — Il pense qu'elle n'est pas dans les principes sur lesquels tous les Français doivent s'accorder ; car si chaque chef d'un département donnait au sien une nouvelle constitution, sous le prétexte qu'elle lui convient, on ne pourrait plus s'entendre ; et comme tout doit partir du point central, on ne doute pas que le gouvernement ne s'empresse d'envoyer un commissaire à Toussaint, pour l'in-

viter à effacer quelques lignes de sa
constitution.

———

14 Vend^{re}.

On a trouvé ce matin une jeune et
belle femme assassinée à coups de
couteau, près du marché aux chevaux:
un collier et une montre d'or qu'elle
avoit sur elle, lorsqu'on l'a trouvée,
font présumer que la jalousie seule a
fait commettre ce crime.

Les philantropes du *nouveau style*
commencent à jeter les hauts cris pour
réclamer l'exécution de la loi inspirée
aux législateurs de la convention nationale, *par leur céleste humanité*, qui
supprime la peine de mort à l'époque

de la paix générale. — Il fallait les faire
taire ; pour y réussir , on leur a proposé de remplacer cette peine par celle
du Talion, rétroactive.

On lit une affiche, plaquée contre
le corps-de-garde de la barrière des
Sergens, par laquelle le nommé *Lé-
pinard*, commissionnaire, avertit ceux
qui auront besoin de ses services,
qu'il se rendra à Versailles en trois
quarts d'heure. — A Orléans, en 14
heures. — A Bordeaux, en 96. —
A Marseille, en 120. — On ne doit lui
rien donner s'il n'arrive pas à l'heure
dite. — La grande habitude qu'on a
de voir des choses extraordinaires à
Paris, fait qu'on n'a pas été surpris de
celle-là.

15 Vend^{re}.

Le canon a annoncé ce matin **la** paix avec le Portugal, et les officiers de police l'ont proclamée. — Il s'en faut de beaucoup que le public ait témoigné le même empressement et le même plaisir que lorsqu'on lui a annoncé la paix avec l'Angleterre. — *Son plaisir était usé.* — On peut même dire que les proclamateurs ont prêché dans le désert.

LA
BANQUE DE LA LOTERIE DE FRANCE.
OU
MOYEN DE N'Y PAS PERDRE SON ARGENT.

Brochure. 1 vol. in-12.

Si dans le nombre des moyens que

l'auteur donne, il a oublié celui —
DE N'Y PAS METTRE. — Il n'a pas
donné le plus vrai et le meilleur.

On vient de réimprimer un livre
fort ancien, intitulé : — LE GRAND
CHEMIN DE L'HOPITAL. — L'éditeur l'a
dédié au *danseur politique* MERCIER.
— Cet ouvrage joint au mérite de donner de bons conseils, celui de n'être
pas cher : on le trouve sur les quais,
à 4 sols. — L'extrait suivant donnera
une idée de son utilité.

GENS — *Qui placent leur*
    argent à la loterie. à l'hôpital.
GENS — *Qui ne trouvent*
    rien de trop cher
    à crédit. . . . . . à l'hôpital.
GENS — *Qui font imprimer*
    des gros diction-
    naires sur des nou-
    veaux mots. . . . . à l'hopital.

(48)

Gens— *Qui vivent de pain chaud et brûlent du bois vert.* à l'hôpital.

Gens— *Qui ne réduisent pas au tiers, les comptes des parfumeurs, apothicaires et marchandes de modes.* . . . . . à l'hôpital.

Gens— *Qui ne battent pas leurs femmes, quand elles vont courir l'alumette.* à l'hôpital.

Gens— *Qui passent leur tems à* GOBEMOUCHER *dans les cafés, cabinets littéraires, tavernes,* à l'hôpital.

Gens— *Qui se dépossèdent de leur bien en faveur de leurs enfans.* . . . . . . à l'hôpital.

Suit 4000 articles.

CAFÉ

---

16 *Vend^re.*

CAFÉ *Corrazza.* — L'homme au grand nez a accaparé, ce matin, toutes les oreilles, pour leur parler de la religion catholique. — Il a fortement blâmé ceux qui essayent, *avec les précautions de l'incognito*, de s'opposer à ce qu'elle soit déclarée religion de l'Etat ; il a prouvé, qu'en outre de ses avantages, quand elle est bien dirigée, elle est la meilleure clef d'un coffre-fort. — Il a donné l'archevêché de Paris à M. de Roquelaure, évêque de Senlis, — le chapeau de cardinal à M. de Juigné. Il allait donner toutes les places vacantes, lorsqu'un badin l'a interrompu, pour lui conseiller de donner la feuille des bénéfices du cler-

D

gé, depuis 89 jusqu'à présent, à l'abbé
GRÉGOIRE.

La police fit faire, l'autre jour, une
rafle de cinquante demoiselles habi-
tuées du ci-devant palais royal ; —elles
furent remplacées , le lendemain , par
un autre détachement.—Ces dernières
ne sont pas tout-à-fait nues ; mais peu
s'en faut.

Il est extraordinairement question
d'une réponse imprimée dans tous les
journaux, par le commis d'un ministre
à l'acteur MOLÉ, par laquelle on lui re-
fuse , avec toute la grâce de la poli-
tesse la plus délicate, la permission de
voyager.—On ajoute que cette épître
a causé un attendrissement inespéré
aux acteurs du théâtre français , même
aux employés, et particulièrement au
souffleur , dont les yeux remplis de

larmes l'ont empêché de souffler, au point que les acteurs qui savent le mieux leur rôle, sont restés court, même l'acteur W......

Le conseiller d'état Portalis a le département des cultes et la police des prêtres. — On désire et on espère qu'il la fera dans un genre totalement opposé à celui qu'on a employé jusqu'à présent.

17 Vend^{re}.

Le jugement qui condamne à la mort un mulâtre, nommé TARTANSON, a été publié ce matin. — Ce malheureux, quoique officier invalide, allait au ci-devant Palais Royal, et proposait aux

D 2

filles qui lui donnaient dans l'œil, de les accompagner chez elles ; alors il exigeait qu'on l'aimât au moins cinq ou six minutes. — Une d'elles, nommée Leclerc, sans doute plus récalcitrante que les autres , l'avait enflammé au point que pour se venger de son indifférence, il lui avait donné vingt-quatre coups de couteau , dont un à la jugulaire, trois sur le visage, quatre sur le sein , etc. — Cet Américain farouche était coutumier du fait ; car il avait été condamné à quatre jours d'emprisonnement , et à 10 liv. d'amende , pour voies de fait exercées contre une autre femme.

TRIBUNAT.

Séance du 16 vendémiaire.

Mention au procès-verbal de la mort de Crassous.

(53)

Ordre du jour sur les plaintes de trois juges de paix.

N. B. — La matière épuisée , la séance a été levée.

Les voleurs, voleuses et le receleur du vol fait à la princesse SANTA-CROCE, sont , aujourd'hui , en présence du tribunal criminel.—Le receleur est un marchand de diamans établi au ci-devant palais Royal , nommé FIN , qui n'a pas fait son coup d'essai dans cette *récolte*; car il fut condamné à deux ans de fers, en 1793. — Lorsque le tribunal lui a rappelé cette *catastrophe*, il a certifié qu'il ne l'avait éprouvée que par suite de ces méprises si usitées parmi les juges des tribunaux de ce tems; et qu'il était ridicule, aujourd'hui, de donner la moindre importance aux misères de ce genre.

D 3

18 Vend^{re}.

La lettre de BAUDOUIN, négociant, adressée au tribunat, attaque les banqueroutiers avec une modération exemplaire. — Voici ce qu'il dit :

Le banqueroutier, toujours de mauvaise foi, emprunte sans la volonté de payer ; et par des manœuvres perfides, il force son créancier à ne recevoir que soixante-dix ou quatre-vingt pour cent. —Il leur présente son *actif* diminué, et son *passif* augmenté ; il suppose de fausses créances, entendues avec des amis aussi coupables et aussi perfides que lui ; de tels hommes sont l'opprobre de la société, et méritent des peines capitales.—On ne voit plus que des fripons adroits, enrichis des dépouilles du commerce, des négocians sortis du tripot de l'agiotage ; ils sont riches, ils sont considérés ! — O! citoyens tribuns, qu'il est dangereux pour les mœurs publiques de donner à l'or plus de prix qu'à la probité.

L'auteur de cette lettre aurait pu la terminer par cette phrase, dont la vérité saute aux yeux tous les jours. — *Pour faire fortune, ce n'est pas de l'esprit qu'il faut ; c'est de la délicatesse qu'il ne faut pas.*

LA

MÉGALANTHOPOGÉNESIE,

OU

L'ART DE FAIRE DES ENFANS D'ESPRIT, QUI DEVIENNENT DES GRANDS HOMMES.

Brochure nouvelle, 1 vol. in 12.

Quoique l'auteur promette, avec une

assurance faite pour lever toutes les difficultés, que tout citoyen actif qui voudra suivre ses conseils pourra faire avec sa citoyenne et à sa volonté un Cicéron, un Démosthene, un Virgile, et même au besoin un *poëte turc*, — cependant les amateurs s'en tiennent au titre, parce qu'un mauvais plaisant leur a dit que la progéniture de l'auteur est aussi nulle que sa brochure.

L'obscurité dans laquelle les filoux de la princesse Santa-Croce ont eu la précaution de plonger leur vol, commence à se dissiper. — Le citoyen Loys, après avoir attendri l'auditoire par ses larmes, a fini par tout avouer ; il est convenu qu'ayant été fortement ébloui par l'éclat des diamans dont madame Santa-Croce était parée au spectacle, il avait éprouvé une distraction enchanteresse, si attractive qu'elle ne lui

(57)

avait pas permis de résister au désir
de se faufiler chez elle, pour s'en em-
parer ; ce qu'il avait fait à l'aide des
citoyens FRÉNEAU et RIPON ; il a dit
aussi que FIN leur avait acheté pour
4000 fr. d'effets volés, qui en valaient
plus de 40,000. — Le commissaire du
gouvernement a terminé son discours,
en disant, que dans cette affaire, il y
avait des voleurs, et que le principal
voleur était le voleur FIN, qui avait
volé les voleurs. — On commence à
croire que cette affaire aura des suites
fâcheuses pour FIN, qui a oublié de
l'être dans cette circonstance.

----

19 *Vend*^{re}.

La paix avec la Russie a été publiée
à la lueur des flambeaux. — Cette an-

nonce a étonné tous ceux qui l'ont entendue ; car on croyait cette paix faite avec celle de l'empereur d'Allemagne : — On se demandait *s'il était bien vrai que nous fussions en guerre avec les Russes ;* et quoiqu'on ait fait cette proclamation avec toute la pompe usitée, on peut dire qu'elle a été annoncée *incognito,* pour les trois quarts des habitans de Paris.

Des acteurs du théâtre français, revenant hier de Versailles, après y avoir joué la comédie, ont été attaqués par cinq ou six voleurs qui, pour les arrêter, ont tiré trois coups de pistolet, heureusement mal dirigés. — Les cochers, à l'aide de leur fouet, ont activé si à propos la paresse ordinaire de leurs chevaux de fiacre, que malgré leur mauvaise réputation, *et la caisse de la recette,* ils ont rendu nulle la course des voleurs.

(59)

Il arrive quelques Anglais à Paris : un d'eux est milord BECFORT, qui a loué un grand hôtel où il se propose de donner des fêtes, dans le grand genre. — Nos jeunes amateurs disent que cela promet un hiver merveilleux.

CAFÉ *de Foi*. — La conversation du petit boiteux à été fort variée aujourd'hui. — Il a parlé du château de *Cloud*, où le premier consul doit faire sa résidence le printems prochain. — De Pitt, dont les manœuvres pour renverser la république française n'ont servi qu'à la consolider, ce qui prouve que les grands hommes se trompent quelquefois. — De la paix, qui assure à la France un accroissement de sept millions d'hommes, et un cinquième à son revenu. — De la fête qu'on va préparer pour la paix, où l'on réformera l'insupportable uniformité des ifs

porte-lampions, et celle des feux d'ar-
tifice qui ne sont plus composés *que
de fusées , chandelles romaines et
serpentaux , ou bien serpentaux ,
chandelles romaines et fusées.* — Des
comédiens qui ne seront plus excom-
muniés.—Du citoyen TALMA , acteur ,
qui toujours occupé du bonheur public, a fait exhumer la fille du docteur
YUONG, de tel endroit , pour la placer
dans un autre. — D'un charlatan de
profession , qu'on arrêta , hier , pour
avoir vendu des petits pots remplis de
moutarde , en place d'un remède qui
devait g érir les hémorroïdes, en vingt-
quatre heures.

20 Vend.

Il résulte du jugement rendu cette
nuit contre LOYS , ex-militaire,—RI-

PON, ex-joueur de gobelets. — FRES-
NEAU, *ex-receveur d'impositions !* —
et l'ex-bijoutier FIN, que tous ces citoyens feront un voyage forcé à Toulon,
après qu'on les aura exposés aux yeux
du public pendant six heures. — La
citoyenne GOYON est condamnée à 12
années de réclusion, et tous à payer
120,000 fr., pour indemniser la princesse.

Les Théophilantropes se sont ren-
dus ce matin aux églises qu'ils ont
adoptés pour y faire leur DÉCADI, et
par-tout on leur a fermé la porte au
nez. Il est résulté de cette impolitesse
beaucoup de fermentation ; ils se sont
formés en groupes, qui sont devenus
tumultueux, et même virulens, lorsqu'on les a avertis que leurs autels
étaient abattus, et leurs grandes pan-
cartes dispersées sur le pavé. — Jo-
SEPH, MARIE, JÉSUS, même MOÏSE,

ont été véhémentement maltraités dans cette affaire. — Les uns voulaient qu'on allât chez le premier consul, pour lui demander justice *d'une telle infraction aux droits de la théophilantropie*, — d'autres chez les ministres, *pour les mettre au pas*; — bref, lorsqu'ils ont vu que les passans riaient de leur colère, et qu'on allumait les réverbères, ils ont levé la séance, se sont donnés le baiser fraternel, et ont fini par aller se coucher.

On a doublé depuis quelques jours le nombre des ouvriers qui travaillent à la démolition de l'église St. André-des-Arcs. — L'adroite célérité qu'on met à cet ouvrage, fait l'éloge de la prévoyance et du zèle de celui qui a mis les maçons en activité.

21 *Vend^{re}*.

Madame GRASSINI, cantatrice ita-
lienne, a charmé toutes les oreilles de
la nombreuse assemblée réunie hier à
l'Opéra , pour entendre un concert
beaucoup prôné. — Mais malgré cette
précaution ; et quoique RODE se soit
fait entendre, ce concert a été, comme
ils le sont tous, fort ennuyeux. — On
y a trouvé les dames belles, jolies, et
parfaitement parées ; mais les contor-
sions qu'elles ont été forcées de faire
pour s'empêcher de bâiller, les a en-
laidies si souvent, que les amateurs
n'ont pu saisir un moment favorable
pour admirer leur beauté.

On voit dans la rue Saint-Ho-

noré, au-dessus du café la Régence,
le général BONAPARTE, à cheval, peint
sur une grande enseigne, avec cette
inscription : *Au Pacificateur.* Les
passans s'arrêtent pour la regarder, et
la voyent avec plaisir , — mais avec
peine qu'on ait placé, précisément à
côté, l'enseigne d'un juif, qui annonce
aux malheureux , réduits à leur der-
nière ressource , *une maison de prêt
sur nantissement.*

Trois maçons sont tombés dans la
cour d'une maison où ils plaçaient une
lucarne , au - dessus d'un quatrième
étage. — Deux sont morts sur la place;
le troisième , qu'on a relevé vivant, a
eu la force de dire à ceux qui le por-
taient à l'hôpital : — Si j'en reviens,
je pourrai dire que je suis revenu de
haut.

---

22 *Vend^{re}.*

La RARA est le nom qu'on a donné à la mode du jour. — Plus de nudités; le visage et les mains seulement reste-ront nuds comme par le passé. — La principale réforme attaque, sans dis-tinction, la partie des fichus; car elle s'étend sur le fichu séducteur, — fichu badaud, — fichu polisson, — fichu volage, — fichu effronté, — et fichu borgne. — Les seuls qui resteront de mode, sont le fichu frippon, et le fichu bête. — Quant au fichu menteur, il n'est pas question de lui, dans cette réforme, parce qu'il a été, est, et sera toujours d'une grande uti-lité.

E

JE
CHERCHE LE BONHEUR,
ou
LE CÉLIBAT,
ou
LE MARIAGE,
ou
LE DIVORCE.

Titre d'une brochure nouvelle,
1 vol. in-8°.

L'auteur a oublié d'ajouter à ce titre : — *Et de l'argent.* — S'il n'avait pas fait cette omission, son libraire se serait empressé de lui faire savoir qu'il s'est trompé.

Tous les secrets proposés jusqu'à présent pour gagner à la loterie, étant absolument usés, le buraliste LEBIDOIS, cloître St. Germain-l'Auxerrois, vient de les remplacer par nn moyen aussi ingénieux qu'infaillible. — C'est de prendre les n^{os}.

1. — Parce que BONAPARTE est Ier. consul.

8. — Parce qu'il a remporté la bataille de Maringo en l'an 8.

11. — Parce qu'il a fait publier la paix le 11 vendémiaire.

23. — Parce qu'il est consul depuis 23 mois.

33. — Parce que ce nombre est celui de ses ans.

Il faut prendre ces numéros, sans interruption, *dans son bureau*, jusqu'à ce qu'il vous dise, et par suite ses héritiers, de n'en plus prendre. — En suivant ce conseil, on est assuré de gagner un QUINE; comme on est certain qu'un tout est plus grand que sa partie.

E 2

23 *Vend^{re}*.

On dit que l'aide-littéraire et le benjamin chéri de la Baronne , outré de ce que notre gouvernement continue de se conduire par des principes diamétralement opposés aux siens , va abandonner la France. — Il part avec le *poëte turc* , qui la quitte aussi pour le même sujet , lequel profitera de cette occasion , pour se débarrasser, chez les Suisses , où il va fixer sa résidence , de la 1re. 2de. 3e. 4e. et 5e. édition de ses nouveaux serviteurs de Dieu , — qu'on a mis à la porte.

Des auteurs à la suite du Vaudeville, viennent de donner une preuve de leur zèle , en épuisant leur esprit et celui des brochures farcies de calembourgs, qu'on trouve sur les quais , *à quatre sous.* — C'est avec ces matériaux qu'ils ont fabriqué une pièce sur la paix, — elle aurait pu se traîner jusqu'à sa fin ; mais le bon mot d'un corsaire qui, allant visiter une de ses prises, s'est apperçu que ce n'était qu'une *prise de tabac*, a si violemment provoqué le cerveau d'un des auditeurs , que celui-ci a fait un éternuement si violent , qu'on a cru entendre un coup de tonnerre. — On désire fort qu'il soit le coup de grâce des pièces et des bons mots de ce genre.

Le rédacteur du journal du soir, si renommé par la rue de Chartres, continue à copier, mot à mot, les nouvelles qu'il lit le matin dans la gazette de France ; et quand elle ne lui en fournit pas assez , il a recours aux autres journaux, qui lui ont fourni hier une longue et assommante lettre sur les *antipathies* , imprimée , pour la première fois , sous le règne de FRANÇOIS Ier. — Ce choix de nouvelles surannées et articles de l'autre monde , ont fini par donner une véritable *antipathie* pour son journal, même aux Gobemouches-

Les ennemis des évêques constitutionnels ont souvent dit qu'ils ne faisaient rien de bien ; — mais ils viennent de prouver authentiquement le contraire par leur soumission aux volontés du St. Père , manifestée par l'envoi de leur démission.

---

24 *Vend[re]* .

Le tribunal de cassation vient de

ressusciter l'éternelle histoire de l'en-
lèvement du citoyen Ris. — Ces
sortes d'affaires sont devenues si
longues à terminer, que si les jeunes
gens et les vieux amoureux étaient,
comme autrefois, obligés d'enlever
les filles, les journalistes, en nous racon-
tant ces incongruités, nous assomme-
raient, comme ils le font aujourd'hui,
avec la constitution de Toussaint-
Louverture, qu'ils nous donnent
en gros et en détail, article par ar-
ticle, la suite à l'ordinaire prochain.
— Ce qui sert beaucoup à soulager
leur esprit, mais aussi à ennuyer con-
sidérablement leurs lecteurs. — Ces
Croque-Nouvelles, sont d'une exac-
titude si fidelle à cet égard, que si
quelque mauvais plaisant s'amusait à
faire une constitution pour le royau-
me du roi Pétaud, ils la copieraient
avec empressement, quand bien même
elle serait aussi longue que celle de 91.

L'ex-législateur M...., vient d'obtenir une surveillance. — On dit qu'il va faire imprimer un ouvrage, par lequel il prouvera *indubitablement,* qu'on ne sait ce qu'on fait, quand on prend un parti mixte dans les révolutions.

Les amateurs attendent avec impatience ce que dira le *pince sans rire,* FEYDEL, lorsqu'il apprendra qu'il est encore question du *Sauvage de l'Aveyron,* à qui le *docteur philosophe* YTARD, vient de rendre la sensibilité nerveuse, et qui prononce les mots *soupe* et *lait,* sans compter ceux qu'il prononce tous les jours. — *A la vérité, seulement ceux qu'il soit même permis à un philosophe de lui présenter !!*

CAFÉ *Valois.* — Les doutes sur

la mort de BEAUMARCHAIS, sont enfin éclaircis, il est à Hambourg depuis deux mois, où il jouit d'une santé parfaite. — cette nouvelle sur laquelle il s'est élevé quelques incertitudes, a été confirmée par l'homme au grand nez, qui a aussi assuré, *tenir de bonne part*, que CHARETTE venait de se marier à Londres avec une jeune veuve. — Il a fait l'éloge de l'inventeur des *chemins de fer* qu'on va construire de cette matière, et dont on fait un détail fort avantageux dans le journal des annales des arts. — Il n'approuve pas qu'on fasse du papier avec de la paille ; le foin, selon lui, vaudrait mieux. —Quant à l'histoire de MARIE DOLENT, Cuisinière à Niort, il n'en est plus question.

25 *Vend^{re}*.

Les préliminaires de paix avec la sublime Porte, ont été publiés ce matin. — Une dame de la Halle voyant passer le cortége, a exprimé son plaisir, en disant à sa voisine.

Tien ma comère, encore une perluminaire de pes — mais ça ne va point mal du tout, et quand je t'avons dit que not Bonaparte avait le nez frotté de vinaigre, avon'ju raison, — ne v'là t'y pas qui nous fait des pes comme des victoueres.

Un officier supérieur de l'armée du Rhin, raconta hier dans une société, que se trouvant indisposé en arrivant dans une auberge de *Landshut*, en Allemagne, il remit à l'hôtesse une grande boîte à thé , et la pria de lui en faire sur le champ. — Un moment après , la servante vint mettre un couvert dans son appartement. — Le Général lui dit que tous ces apprêts étaient inutiles pour prendre du thé. — Elle lui répondit que l'eau commençait à bouillir et qu'elle allait lui porter ce qu'il avait demandé. — Enfin après deux heures d'attente, elle entre et pose sur la table un grand plat dans lequel le général vit toute sa provision de thé cuite comme une choucroute , garnie de saucisses

Le public a a témoigné un mécontentement accompli à la première représentation de la *Maison donnée* ; et quoique madame CONTAT et monsieur GRANDMENIL l'ayent étayée de leur mieux, elle s'est écroulée avec une rapidité rare. — On dit que l'auteur se propose de la faire rebâtir sur un nouveau plan ; mais d'après la certitude qu'on a de son peu de science en architecture, on pense qu'elle lui.restera sur les bras.

---

26 *Vend^{re}.*

Ceux qui ont l'odorat délicat, et préfèrent l'agréable à l'utile, ont beaucoup éternué, et se sont fort ennuyés aujourd'hui à l'expérience des thermolampes.

Lorsque certains personnages ne font pas parler d'eux, on les croit mort : c'est ce motif qui a fait croire que le citoyen POULTIER était enterré depuis long-tems. — *C'était une erreur ;* car il vient de donner de ses nouvelles au public, par une lettre adressée aux frères CHAIGNIEAU, à l'occasion de la vaccine.— Il était tems qu'il lui donnât un coup d'épaule ; car les docteurs qui cherchent à la soutenir, ne savaient plus à quel saint la vouer : il en était d'elle comme de certains personnages qui ne font plus parler d'eux ; on la croyait morte.

La messagerie établie rue des Victoires, a fait afficher aujourd'hui qu'elle a établi des diligences qui iront directement de Paris à Londres. — Cette annonce fait plaisir ; mais on apprendrait avec plus de satisfaction l'arrivée des mylords, qu'on attend avec impatience, sur-tout certaines dames qui trouvent qu'ils tardent trop à venir rendre hommage à leurs *appat*, et qui sont prêtes depuis long-tems à les recevoir avec les prévenances et le plaisir qu'elles peuvent leur offrir avec facilité.

Si on continue de construire des boutiques à Paris, comme on fait depuis que la paix est assurée, avant six mois il y en aura beaucoup plus que de maisons. — Il résultera de ce nombre incommensurable, ou qu'on ne trouvera plus à les louer, ou que les marchands ne trouvant pas à vendre, ne pourront payer ni marchandises, ni loyer.

———————

27 *Vend^{re}*.

Le Petit Poucet, — le Jocrisse,

— *le Petit Chaperon* — et *le Pélerin blanc* , ne désemparent pas du Journal du Soir de la rue Poupée. — Le rédacteur de ce journal veut , bon gré mal gré, que le public se rappelle *tous les soirs* , qu'il trouvera à son réveil, dans ces magasins , — de la Flanelle , — de la toile à torchons ; — que le Louviers et l'Alpaga sont toujours à un prix si bien calculé, *que l'argent qu'on y donne, vaut toujours beaucoup mieux que la marchandise qu'on y vend.*

Les médecins qui travaillent à la guérison du bras droit du général VALENCE, lui ont permis ce matin de manger une aîle de poulet.

Un bœuf s'est échappé hier d'une boucherie, après avoir reçu un coup presque mortel, *qui, disait-on dans les rues, lui avait fait prendre la mort aux dents.* ——Il parcourut celle des Petits-Carreaux, blessa sept à huit personnes, entr'autres, le boucher qui devoit le tuer, qu'il enleva avec ses cornes. — Lorsqu'il fut dans la rue Thévenot, on en barricada les issues, jusqu'à ce qu'on y eût conduit un troupeau de bœufs, dans lequel il entra paisiblement. — On souhaite que cet accident rappelle au gouvernement l'ancien projet de placer les tueries hors l'enceinte de Paris.

La colonne nationale, plantée au milieu de la place des Tuileries, sur une rotonde énorme, contre laquelle on avoit plaqué tous les départemens en personne, se donnant la main, *et prêts à lever le pied pour danser la Farandole,* sont enfin abattus, au grand

grand contentement du public, qui
trouvait ridicule qu'on eût masqué par
un massif, déplaisant à la vue, la plus
belle perspective du château des Tuileries.

------

28 *Vend^{re}.*

On vient de mettre en vente une
nouvelle brochure, intitulée :

A BONAPARTE, PREMIER CONSUL.

Par Ferrière-Sauvebœuf.

Ceux qui ont fait bonne provision
d'*athéisme*, afin que les scrupules ne
les empêchent jamais de faire fortune.
— Ceux des acquéreurs des biens na-
tionaux qui s'en sont procurés, en faisant semblant de les payer ; — les in-

F

trigans — et les agioteurs , en disent
pis que pendre. — Les gens sensés
trouvent que l'auteur aurait pu se dis-
penser de donner des conseils à celui
qui, par ce qu'il a fait, a si bien prouvé
qu'il savait ce qu'il avait à faire.

Le conducteur d'un cabriolet a été
condamné à trois mois d'emprisonnement, — 100 f. d'amende — et 3000 f.
de dommages-intérêts , pour avoir
blessé grièvement un charretier qui
passait sur le Pont-Neuf. — Ce cocher
allait très-vîte , sans crier garne, et
sans s'être conformé à la loi, qui lui
ordonnait de placer un *grelot* au col de
son cheval. — Si la police pouvait par-
venir à faire porter des *grelots* à tous
les citoyens et *citoyennes* qui peuvent
être dangereux , elle rendrait service
à une forte partie du public. — A la
vérité, on ne s'entendrait pas parler

dans quelques quartiers de Paris, —
particulièrement dans celui du Palais-
Royal.

M. Lenoir, ci-devant lieutenant de
police, est à Paris : il est convenu
l'autre jour, que la police militaire et
civile n'avaient jamais atteint le point
de perfection qu'elles ont aujourd'hui.

Les amateurs de la belle musique
instrumentale, et sur-tout de la plus
agréable exécution, prient le citoyen
Blasius, l'aîné, d'engager une ai-
mable virtuose de sa connaissance, de
faire connaître, au moins dans les
concerts d'amateurs, le beau talent
qu'elle possède : c'est une sorte de vol
fait à la société, de lui cacher toujours
ce qui est fait pour l'enchanter

29 *Vend*ʳᵉ.

C'est le ministre de la police générale qui a signé l'ordre qui défend aux
théophilantropes de se rassembler
dans les édifices publics. — Les doutes
sur leur expulsion des temples catholiques, sont détruits par cet ordre, qui
satisfait à-la-fois ceux qui n'ont pas
renoncé au bon sens, et ceux qui ne
sont pas brouillés avec la raison.

Le rédacteur du journal de la rue
Poupée, conseille aux amateurs des
beaux arts, d'aller au Muséum, pour
y voir le sujet du déluge, traité par le
fameux CLODION ; et pour leur prouver que la sculpture vient de s'élever

au plus haut degré de splendeur, il leur dit : — Examinez *cet abandon de la nature dans le jeune homme que son père retire , mais trop tard , sur la pointe d'un rocher ; qu'il dispute encore aux eaux , ces membres encore souples........* Une dispute littéraire entre JANOT et ce rédacteur, aurait du piquant.

Le tribunal de cassation a confirmé un jugement , qui condamne à mort deux assassins, qui ont été exécutés aujourd'hui. — A leur arrivée sur la place de Grêve, ils ont témoigné , aux bourreaux , leur étonnement sur le peu d'amateurs qui assistaient à leur exécution.—Un d'eux leur a répondu : — *Citoyens, autre tems autres mœurs.*

3o *Vend*ʳᵉ.

Certains journalistes se croiraient ruinés, si leurs colporteurs n'avaient pas, *comme jadis*, des grands combats sanglans à annoncer. — La paix, à cet égard, leur coupe les vivres; mais aujourd'hui ils ont trouvé à réparer ce déficit, en se raccrochant aux combats entre deux armées d'étournaux et d'hirondelles; et pour continuer à plaire, *dans ce genre*, aux Gobemouches, qui gobent tout, ils leur font des détails d'un fameux combat entre deux armées de moucherons, dans lequel les deux tiers ont perdu la vie. — Celui des *étourneaux* fut moins meurtrier; car ils assurent qu'il n'y en

eutque *trente mille* de tués. — *Ce nom-*
bre a été vérifié par les rédacteurs
du Publiciste, du Journal du Soir et
compagnie

Un observateur de la révolution, et
sur-tout de sa fin, a remarqué ce matin, chez un de nos ministres, une
réunion qu'il faut avoir vu pour y
croire, composée de MM. MALOUET,
ex-constituant ; — NARBONNE, ex-
ministre ; — LAMETH, ex-général ; —
BOUTILIER, ex - constituant ; —
SYHES, ex - incompréhensible ; —
SÉGUR, ex-ambassadeur ; — GRIMOD,
ex-homme de lettres ; — LÉPEAU, ex-
directeur ; — LENOIR, ex-lieutenant
de police ; — GRÉGOIRE, ex-évêque ; —
CAZALÈS, ex-constituant ; — enfin de
LAFAYETTE, ex-général, généralissime
de toutes les forces armées de Paris. —
Il se forme quelquefois des rassem-

blemens extraodinaires dans le jardin
du palais de l'Egalité, mais jamais on
n'en a vu de cette force là.

Quand le *danseur politique* MER-
CIER dit que le soleil est froid, — que
la lune est quarrée ; — que le dur est
mol ; — que le noir est blanc ; — que
la glace est chaude ; tout cela n'étonne
que des sots : mais on est surpris qu'il
ait oublié de dire que l'argent qu'il re-
çoit de la loterie, n'est que de la dro-
gue, — tout comme cette brochure,
dont voici la

F I N.

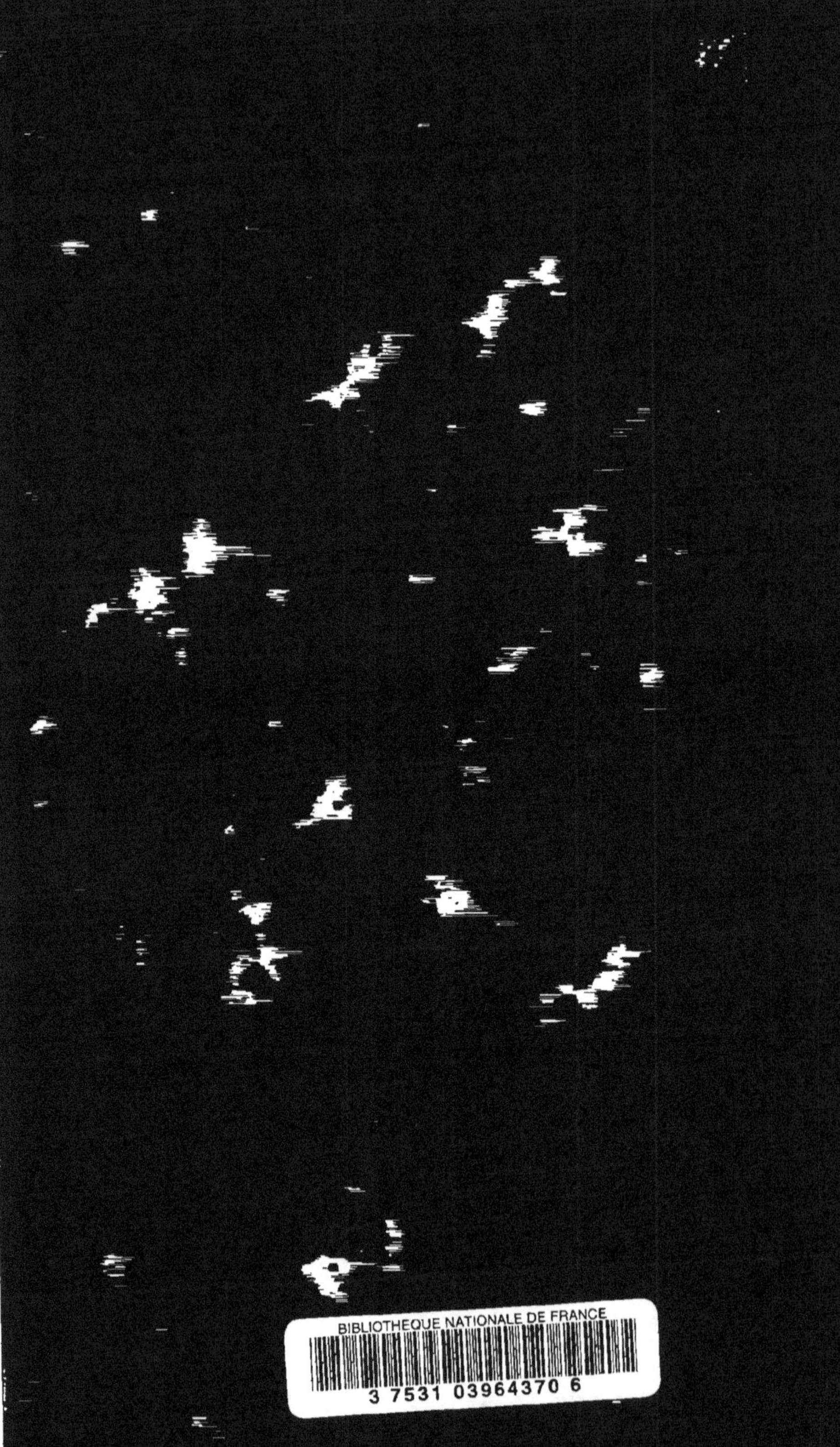

BIBLIOTHEQUE NATIONALE DE FRANCE
3 7531 03964370 6